Caliope
editorial

100 poemas para Nuria

Borja Carballo

100 poemas para Nuria

Primera edición: enero de 2018

©Editorial Calíope
©Borja Carballo
©100 poemas para Nuria

ISBN: 978-84-17233-04-4
ISBN Digital:978-84-17233-05-1

Grupo Editorial Max Estrella
Calle Fernández de la Hoz, 76
28003 Madrid

Editorial Calíope
editorial@editorialcaliope.com
www.editorialcaliope.com

POEMA 1

Era bajita pero no pequeña y en mis brazos siempre minúscula, como yo cuando me miraba, o ambos grandes antes los ojos de dios cuando hacíamos el amor.

Eramos nosotros cuando caminábamos por la calle y, de felices y hermosos, todo el mundo nos miraba.
Era el mundo contra nosotros cuando nadie nos entendía.
Era ella cuando lloraba. Era yo el que, por miedo, le hacía daño.
Eramos más con la mirada del otro en cada par de ojos.
Era mi musa.

POEMA 2

A su paso enmudecía dios, y yo sólo sabía mirarla. A su paso la gente amaba.

POEMA 3

Puedo hacer lo que quiera en estas letras. Puedo, por ejemplo, haceros creer que soy el sol que, intrépido, cualquier mañana en la que, entre las nubes, me despierto bostezando al encuentro de mil historias y dos mil nuevos amores, me cuelo por nuestra ventana, y nos sorprendo haciendo el amor, como en los viejos tiempos.

Puedo hacer lo que quiera en estas letras, aquí no hay secretos para mí porque, como por arte de magia, una tras otra, como fórmulas matemáticas que sólo yo entiendo, salen escupidas por mis dedos, con más deseo hacia vuestros ojos, que ávidas hacia mi cuerpo, las dos mil trescientas chicas que habitaron mi cama; todas juntas y mil veces más placer, da leer lo que yo escribo que lo que, con tantas ganas y tantas noches, me hicieron ellas en mi cama.

Puedo hacer lo que quiera en estas letras; decir, por ejemplo, que dios se esconde en ellas y que algo de mágico hay al leerme, como de algo que se te ha olvidado durante años, y que, al repasar esto, has recordado, casi con nostalgia; como un olor de la infancia que te trae buenos recuerdos; como un amor de juventud; como el olor de la vieja cocina de vuestros abuelos.

Arde en mis ojos tu deseo, y dentro de mí sólo dios que, reflejado en un papel en blanco, me dice que empiece a escribir, y que no pare hasta que cambie el mundo o éste gire la cabeza, me guiñe un ojo y me enseñe una teta.

POEMA 4

Mi muerte en los escenarios, será la vida que necesitáis acá, tan abajo, como alto he vivido. Mi muerte en los escenarios será vida en sus labios.

Empieza la parada tranquila siempre al lado de tu sonrisa.

Mátame o no, pero no dudes. La duda destroza sin matar, y una vida de sobresaltos es peor que una muerte tranquila a tu lado.

En los buenos tiempos no había mala razones para seguir por el camino incorrecto, lo seguíamos y dios nos decía que no estábamos muertos; al fin.

El hombre del muro me dijo, tarde, que tomara a dios de la mano, y que todos me siguierais por el recto y torpe camino que, marcado por mi alma, siempre estaba, en medio y al final de tu cuerpo desnudo.

Su entrepierna siempre era una buena razón para estar vivo.

Esperando por los días de odio, el colegio comenzó.

Delante del hombre que pudo ser rey, todos se inclinan, diciendo sin decir: larga vida al que, pudiendo, no quiso; al que hablando nunca ordenó, y al que, muriendo, vivió.

Larga vida al que tuvo sin tener, piensan ante él.

No es rey el que puede, es rey el que, sin sangre, tiene corona; es rey el que, pudiendo, no odia.

POEMA 5

Hoy es el último día de tu juventud, ¿qué harás antes de ser viejo de golpe?

¿Amarás lo que no amaste en un día? ¿Querrás a todas las chicas? ¡Tomarás todas las drogas? ¡Visitarás todos los lugares?

Puedes vivir tanto que, en tu vejez, la juventud viva y así, ser cada día, joven de nuevo.

Es fácil si lo intentas.

POEMA 6

¿Has visto las estrellas tras su cuerpo desnudo?, aquellas mañana de sol en las que sus pechos eran perfectos. ¿Has visto a dios en su sexo? Entonces es ella.

POEMA 7

Lo teníamos todo, porque nos cansaba la nada de los demás; y en nuestro todo, nos convertimos en perfección amorosa, de la que sólo llena a los perfectos cuerpos de dios; esa perfección que, al imperfecto, cansa. Ese fue nuestro error: creer en lo perfecto. No nos cansamos de amarnos, sólo nos cansamos del imperfecto amor de acá abajo.

POEMA 8

Dime, cariño: ¿no ves a dios, reflejado en mis pupilas cuando, fijo, a los míos, miras? Sólo es todo el amor del mundo que siempre va, raudo, de tu cuerpo hacia el mío.

POEMA 9

Amar es volar en su mirar.

POEMA 10

Era tímida, porque su alma siempre le decía que la gente no entendería su forma de verlos.

Era tímida y buena, porque la bondad es juventud eterna de alma.

Se tímida para mí, siempre desnudo tu cuerpo y tus gemidos, tras mis besos mañaneros en tu entrepierna.

POEMA 11

¿Qué fue de los viejos tiempos?

Se fueron en busca de los buenos, dentro de sus besos. Allí se quedaron.

POEMA 12

Los pájaros cantan, me anuncian un nuevo día.

Yo sólo quiero perderme en el caluroso amanecer de una noche en tus brazos.

Nada más.

POEMA 13

El tiempo, dentro de tu cuerpo, se toma su tiempo para ir sin prisa, muy despacio, a contemplar tu belleza.

A veces, las cosas más sencillas son las más difíciles de explicar, como tu sonrisa o mi cara al observarte en aquellos días en los que, cabeza abajo, comíamos sol.

El sol da poca luz, comparándolo con tu risa ante mis tonterías.

POEMA 14

Te echo de menos sin lo malo de echar de menos; te echo de menos echándote de más.

POEMA 15

Muero de amor sin morir en él y sin conocer el dolor.

En mí, el amor verdadero, alcanzó su cénit: no sufro, sólo lo disfruto en cada cama y en cada cuerpo; genero todo el del mundo en aquella que sepa aguantarlo.

POEMA 16

Soy libre porque soy el último de mi especie, no hablo con los locos de esta raza. Me duele la cabeza cada vez que, ansioso de mí, busco fuera de ellos algo más que coches y whisky; algo más que putas y cómo está el tiempo; no hay en ellos más que trabajo para trabajar y hablar de él.

Soy el hombre libre porque nunca me importará su mierda de filosofía barata que a nadie engaña, ni siquiera a ellos.

Soy el nuevo hombre que acabará por destruirse para no ver cómo esta raza lo hace mientras dicen que aman sin medida.

Llegó el verano y las corolas del corazón, entre susurros, ataron a tu sol que libre, volaba por allí.

El día que muera el verano, volveré a ti.

POEMA 17

Agazapándome a cada paso, huyendo del recuerdo sin sombra de tu cuerpo que, lejano, me dice que a lo mejor estás con otro.

Eres demasiado pequeña para tener una sombra tan alargada.

Me volveré duro como el viento, nadie tocará más que mis desaires.

POEMA 18

No se atreve nadie a besarme después de tus labios, creen los demás, que los míos queman, demasiado fuego tuvimos en demasiado poco.

El fuego que llegó del día que nos conocimos, hace ya tanto, quemará mi alma en la última de las horas aquí abajo en la tierra. Esa es mi condena.

Si somos algo que no debimos ser, seamos amantes desesperados, se nos da bien.

POEMA 19

Haciendo eso que tú hacías, como sin mover la boca, como sin sonreír, como sin moverte, sonreías con los ojos, y en mí ya todo era sol y mañanas sin nubes. La música, entre nosotros, siempre sonó alta, fuerte y nítida, y como en el amor, creíamos que nunca terminaría.

La música era nuestra vida. Ahora todo está en silencio.

POEMA 20

Me levanto, hace sol, parece que nadie lo quita del medio, quiero nubes, quiero lluvia, y quiero que llore la tierra como mi corazón que, alejado de ti, siempre está triste.

Quiere que la tierra llore las lágrimas de mis ojos, y así ser uno con la madre mundo, la única que conozco.

Cambiaría cualquier cosa por mi corazón lleno de ti. Cualquier cosa, estoy harto de verte en cualquier sombra.

POEMA 21

Vente a la sombra que dios, en mi rincón, siempre duerme. Vente cada mañana de sol a mi sombra particular, en esa en la que los ángeles siempre tienen ganas de hacerte el amor.

POEMA 22

A tientas y en sueños, me llegan los ecos de su voz, tibia y tenue, como siempre; sexual como nunca.

Estoy abriendo los ojos para ver que todo es una mentira. Voy a ser el mejor mentiroso.

POEMA 23

Vi contigo amanecer; vi en tus ojos el principio de todo, pero sabes que, cuando me mirabas, sólo veías, en mí, finales. Por eso los odio, porque estoy lleno de ellos.

En mí, tantos finales, son el principio de la vida más extraña que conozco: la mía.

POEMA 24

Una, desnuda, me conmueve, mientras otra, de rodillas, me llega al alma del sexo.

Planeando que te planea la revolución sexual, en mi casa ya comenzó.

POEMA 25

En tus surcos, dios si conoce el significado celestial de su sexo, siempre unido al tuyo en un baile erótico de divinidad.

POEMA 26

Y al final, ¿qué ocurrirá?

Al final llegará el principio de todo, y, como un albatros mental abriendo sus alas, expandiendo con su vuelo las mentes y los cuerpos de la humanidad, seremos uno dentro del eterno aleteo conjunto de sus extremidades llenas de polvo de estrellas y galaxias completas; viajaremos unidos hacia ningún sitio con el universo completo de nuestra mano.

Seremos la vida que, acá abajo, nos falta, y, finalmente, nada dentro de aquél ave infinita e inmortal que nos acabará por consumir y darnos más vida, verdad y paz de la que jamás imaginamos.

Eso ocurrirá.

POEMA 27

Se hizo la nada, ya que el todo sólo era cuando me mirabas.

POEMA 28

No llueve el cielo, llueven los días, los meses y los años al no encontrarse mi sombra, tan cerca de la tuya como antaño. Llueve la tierra entera, tu lejanía.

POEMA 29

Si no éramos nada cuando estamos separados, siempre fuimos dioses con nuestras milimétrica cercanía de corazones, al juntarse nuestros cuerpos, completábamos a toda la humanidad con nuestro amor.

Éramos el amor que nos iba a salvar; ahora tan sólo algo por lo que llorar durante años. Nada más.

POEMA 30

Te vi, en medio de un sueño, dentro de la noche más oscura, en la peor de mis pesadillas, hace milenios, en mi cama, y estabas como siempre. Tu cara inocente y cándida, parecía rozar, al mirar al cielo, todas las nubes, una a una, del universo; parecía tu paz iluminar mi alma, tan cansada de tantas noches sin ti.

Nunca desperté. Sigo soñando.

Niña cándida, serena y fugaz, ¿cuándo saldrás de mis pesadillas para hacerme volar, dentro de ti, al paraíso de mis sueños más húmedos y reales? ¿Cuándo?

POEMA 31

Sácame de aquí, el mundo no merece mi presencia sin la tuya a todas horas cerca.

Sácame de mí para entrar, como antes, en ti a todas horas.

Quiero el calor de tu cuerpo sobre el mío, siempre rozado por el pálido reflejo de la luz matutina, entrando, casi taciturna, por mi ventana, marcando siempre, audaz e intrépida, el camino a seguir hasta tu entrepierna.

Sácame de aquí, por favor.

POEMA 32

Hoy me han hablado de ti, supongo que me cuesta imaginarte, por la calle, sin mí del brazo.

Ódiame o vuelve a amarme, pero no me ignores.

Sácame de este mundo, que no es más que inmensa negrura sin tu impoluta presencia a todas horas.

POEMA 33

¡Fuera fósiles de la literatura, mueran los dinosaurios!, labrada su carrera, menos por sus logros escribiendo, hasta por vestirse de payasos, o serlo.

Mueran los dinosaurios, fuera lo viejo, dejar entrar a lo nuevo y jubilaros, si se puede decir que alguna vez trabajasteis, o hicisteis sentir algo a alguien con vuestra mierda de escritos.

Muera lo viejo, por viejo y porque nunca estuvo vivo.

¡Muera lo viejo, viva lo nuevo!

Mueran los dinosaurios. Muera lo viejo.

The old gets older and the young gets stronger!

POEMA 34

Agárrame fuerte a ti, que viene dios y me come el alma.

Abrázame fuerte y que el viento de tu pelo me lleva a donde nadie llegó nunca: al centro de tu corazón, cansado de amar y podrido por el odio de los que dicen que quieren y tan sólo matan.

Ama o muere mientras me amas; no es fácil, pero es lo mejor que podemos hacer mientras el mundo se destruye, mientras grita que ama al mismo prójimo planetario al que le está reventado la cabeza.

Dame el tiempo en fuga que siempre son tus labios en mi cintura.

Dame el tiempo sin prisa que es la brisa de tu mirada en mi mente.

Sólo quiero que me ames como siempre he querido que alguien lo haga: sin corazón y con tanto amor como su alma infinita le deje.

Ama al mundo entero a través de mi cuerpo desnudo.

Amando que te ama, es más fácil que odiar a todos y a todo.

Es fácil si lo intentas, y sino, también.

Decir que amas no es amar; decir que odias y amar, sí.

El amor no se demuestra con palabras, sólo con actos; el odio se demuestra con ambas.

POEMA 35

El dios de tu cintura le dijo, cierto día, a mi cuerpo, que en esta cama te amara hasta las tantas, cada segundo de cada día que te tuviera cerca.

El dios de tu cintura sólo quiere mi amor.

El dios de tu cintura es tu amor gritándole al cielo, que sólo quiere el mío.

Dios es el placer sin fin que, mediante nuestros cuerpos, nos hace verle cada noche.

POEMA 36

Y tú ¿qué quieres hacer en la vida?

Quiero escribir y cambiar el mundo, mutar los cuerpos de la gente que me lea, que sus labios se vuelvan corazones, y que besen al mundo en su desdicha.

Quiero escribir y cambiar el mundo, porque mi vida ya no es mía, mi vida es de quién me lea. Tus ojos ya son míos, tu vida está a mi antojo.

Si cambio el mundo con estas letras, que sea para que amemos hasta al odio.

POEMA 37

Si unas veces se gana y otras se pierde, gáname a besos para perderte en mi cuerpo.

Si pierdo que sea la cabeza por ti; si gano que sea tu corazón puro y sin concesiones.

POEMA 38

En el fondo de mi alma ya no queda nada más que mi espíritu inmortal que, revoltoso, busca a tu par.

En el fondo de mi alma está dibujada tu cara.

POEMA 39

La verdad es que siempre miento, cuando digo que no te quiero.

No sabía mentir cuando tus labios rozaban los míos y dios volaba hacía nuestro nido de amor. Nuestra cama era el paraíso.

La única verdad absoluta: tus labios en mi cintura.

Viniste a mí una noche de primavera, taciturna y asustada; te irás en verano, cuando los tilos del paseo canten, tan alto, y sus estambres tocando el cielo, nos digan que el invierno llegó a sus corolas.

No hay nada que se pueda hacer que, juntos, no podamos hacer dentro de un beso.

POEMA 40

He visto a dios, todo los días desde que te conozco, en cada poro de tu cuerpo desnudo; por la mañana, bañado por el sol, sujetos tus pechos en sus brazos naturales de luz, tenue tu piel y tu cuerpo hasta la cadera, rozado por tu pelo.

Por la tarde, tu risa mecida por la brisa de mis ojos.

Por la noche, amada por mí.

He visto a dios en tu mirada cada día.

Nada puede con eso.

POEMA 41

Si todo lo que necesitas es amor, ama.
Si todo lo que necesitas es mi amor, déjame ir, soy libre.
Soy y resido en el momento en el que el viento de un dios que murió al nacer no rozó, aquel día, tu pelo, ¿puedes tocarlo? Porque siempre resido allí y, a veces, siempre allí, residiré.
Si todo lo que necesitas es amor, ama al mundo a través de mi cuerpo entregado a dios.
Ama o muere amando, es fácil si lo intentas.
Hay algo en su manera de hacer nada en absoluto y todo a la vez, que parece, que, a todas horas, me quiere hacer de todo con cada mirar.

Si me matas a besos te dejo el alma desnuda, como el día de nacer.

El final está cerca, vete despacio al encuentro de, sea lo que sea, venga rápido a por ti. No hay prisa.

Ahí viene el sol, sin ti ninguna luz merece la pena, siempre brillas más que cualquiera de esas que dicen que van tan rápido.Parece como que todo se nubla.

Parece como que todo está mal, aquí y ahora, hoy, que en mi corazón ya no brilla la radiante sonrisa de tu presencia a todas horas.

Estuvo bien, para qué voy a mentir.

POEMA 42

Muy poco a poco que el mundo nada note de todo lo que nos queremos; vayamos tan rápido que se nos pare el alma.

Si somos algo, que sea la nada de cuando nos besamos.

El todo de tu belleza le dijo al día que te conocí, que algo de nada hay en los besos no dados de cuando no lo hacemos.

Si no lo tengo todo de ti, no quiero nada.

POEMA 43

Entre lo que parece perfecto y lo que es perfecto, existe una diferencia: lo que es perfecto no tiene que parecerlo si no quiere, porque lo es, sin más; en cambio, lo que parece perfecto, tiene que parecerlo, aunque no lo sea.

Entre lo que parece perfecto y lo que es perfecto, existe más abismo de imperfección, que entre una cosa que parece, de lejos, terriblemente imperfecta y lo auténticamente perfecto.

Lo aparentemente perfecto es el más alto grado de imperfección que existe, ya que todo su ser se basa, únicamente, en lo más banal: su apariencia exterior, completamente diferente a su horrible e imperfecto interior.

Tu perfección se basa en que no lo eres, por lo tanto, puedo afirmar, sin temor a equivocarme, que eres la persona más horrible que conozco, entendiendo por horrible, el abismo diferencial existente entre tu interior y tu exterior.

Eres horrible porque tu interior no dice nada de tu exterior; cuando, con tu exterior, quiere decir mucho de esa nada que, crees, guardas en tu interior.

Y dentro no tienes nada más que nada.

Nuestra sociedad es banal y horrible. Este texto habla de ella.

POEMA 44

La libertad sólo es otra palabra de cansarse cuando tus labios no besan los míos.

Cerca del infinito sólo tenemos dos cosas a las que agarrarnos: tu amor, y eso que dicen que es algo parecido a tu cuerpo; yo sólo quiero verlo cada noche, entregado a mí, y cada mañana bañado por el sol, tu pelo rozando tu espalda, y todo tu ser deseoso de mí.

Cada mañana es de sol, aunque sea invierno, si veo tu cuerpo desnudo, cubierto por mí deseo.

Y qué le den por culo dios, si cada noche no estás a mi lado.

POEMA 45

La felicidad siempre estaba de más, cuando tus labios rozaban los míos y volábamos por el infinito, dentro de cualquier estrella, tocando los ojos de dios.

Canta una canción con tu cuerpo sobre el mío, y te llevo al paraíso.

POEMA 46

Cuando caminaba por el mundo, solo y apagado, mis alas quemaban las pupilas de las gente que las quería abrazar.

Extrañaba volar; y los días pasados que no fueron a tu lado, fueron días perdidos de vuelo, siempre, entre el cielo y el infierno.

Hoy que mis alas queman tu cuerpo cada noche, ya sólo quiero que, por la mañana, no me las hayas arrancado a mordiscos.

Cada vuelo a tu lado es un vuelo, raso, rozando el cielo.

Cada día sin ti es residir en el limbo de tu falta, que no es más que el deseo de verte, cada mañana, tan desnuda, como entregada a lo que, sea lo que sea, se nos ocurra en ese momento.

Cada día que te amo, es un día ganado en el paraíso, aquí abajo, donde los que no viven y sólo odian, dicen que reside el infierno.

El único odio que entiendo, es hacértelo con rabia.

Ponte de rodillas y sube al cielo.

POEMA 47

Por tu cuenta y a la manera en la que se ama de verdad, me amaste bien, con cada beso y cada mirar, vi en el blanco infinito de tus ojos todo: el principio del final, y el final de nuestro amor, que no fue más que, volviendo a empezar, cualquier día del verano del amor que nosotros queramos, el más feliz, juntos a todas horas, sólo separados por nada, dentro de un beso nuestro, acariciados y mecidos por dios.

En el fondo de tu amor no hay final, sólo existe el día que nos conocimos, siempre, una y otra vez, cada vez que te miro los ojos de los labios a cada beso, juntos los tuyos con los míos.

Me encanta que me encante no separarme de ti más que para amarte, a embestidas mis labios, contra tu cuerpo de nínfula.

Me encanta encantarte con mi mirada de amante desesperado, rendido a tus besos de niña buena.

Eres tú, porque nunca has dejado de serlo, desde el primer día que te vi.

Eres tú, porque lo fuiste y lo serás, y si algún día dejas de serlo, lo seguirás siendo en el pasado perfecto de matar el futuro a besos que persiguen al tiempo dentro de aleteo de tus labios, que nunca mueren para el que, como yo, los besa sin prisa y de verdad.

Si el amor se acaba, que sea en tu mirar, con tus ojos diciéndome, como hoy, que nunca dejarán de hacerlo.

POEMA 48

Si el cielo está dentro mío cada vez que te miro, ¿qué es ese infierno que arde en tu ojos cuando se cruzan los míos con tu mirada de niña buena?

Bajaste cierto día de mayo a mi encuentro; morirás sin mi roce cuando me vaya, cualquier día, dentro de la ira que desprendemos al hacer el amor.

Escucha, linda, si dejas que se apague el deseo, morirás sin la pasión de mi cuerpo.

Más claro que el cielo sólo tú mirada; más hondo que el infierno sólo el fuego que apago cada noche con mis manos.

Cansado de gritarte con los ojos que sólo veo los tuyos.

Mi vida sólo es una sucesión de un beso de tus labios tras otro desde los míos. A eso aspiro y en eso creo.

POEMA 49

Una marca en mis ojos: tu alma sin ninguna.

Amas como los niños: sin miedo al rechazo; amas con rabia y sin odio; con dulzura y vicio.

Todos los amores deberían ser el tuyo; todas las últimas veces deberían de ser la primera para que no hubiera miedo, ni memoria, ni odio, ni guerras.

Todos los amores deberían ser tu amor puro, siempre indecente y frío, sólo, ante el odio.

Lo único sin control debería ser mi amor desmedido hacia tu cuerpo desnudo.

La última vez que amé por primera vez, fue la vez que empecé a amarte y no paré.

POEMA 50

El sol brilla en mi mirada desde que te conozco, parecen mis ojos dos veranos perpetuos; en la tuya, al mirarme, la primavera y millones de flores.

Si somos algo que nadie desea que seamos, seamos el dios que, cierto día, le dijo a mi mirada que en ti residía el vano destello del que lo conoce todo.

Si somos algo que todos quieren, seamos nosotros nada más.

Las mentiras que hacen el bien, son verdad; las verdades que hacen el mal, son mentiras.

El bien es verdad; el mal, mentira.

POEMA 51

Te quiero porque tus labios saben a eternidad, y porque tu silencio sólo es triste cuando no toca el mío.

Te quiero porque dentro de mi hay un pequeño dios, que sale a tu encuentro cada vez que, frente a frente, estamos, tan desnudas nuestras almas, más desnudos nuestros cuerpos; por la mañana o por la tarde, no importa, porque la oscuridad siempre nos arropa, la luna y las estrellas nos calientan, aunque haga frío, con su manto de luz infinita, casi tibia, siempre, cada noche; y si no, para eso están nuestros cuerpos y nuestras oscuridades, que no son de almas, por que brillan al contemplar la mirada del otro, deseosa de un gesto, una caricia, o el mejor beso del milenio, que siempre será mejor al siguiente y al anterior; mejor nunca de mejorar, mejor de diferente y especial, y no repetido en labios de otros, ni siquiera en los nuestros.

Te quiero porque veo el infinito siempre que te miro a los ojos.

Te quiero porque verte desnuda, es verlo todo; al menos todo lo bello. Por eso no necesito nada más que mirarte y mirarte, hasta que tú te canses o yo me muera de placer haciéndolo.

Te amo porque no quiero nada más que hacerlo cada noche de cada día que te tenga a menos de dos metros.

POEMA 52

Dios eres tú desnuda; por la mañana el sol te viste con sus rayos, y tú me desvistes con la mirada. Siempre acabamos haciendo el amor hasta las tantas.

Tu alma es lo que le dice a la mía que no estoy aquí de paso, que nací para amarte y moriré en tus brazos.

Sé que es así.

POEMA 53

Cualquier día es de sol y risas con tu cuerpo a mi vera. Así es.

Si llega el fin del mundo, que nos pille abrazados y desnudos, en mi cama, sería un buen principio subir a las estrellas como bajamos de ellas.

Si no es para ti, es para mí, el día que, de querernos, nos salgan flores de la cabeza, y un gran ramo de amor puro ilumine al mundo.

El alma tiembla cuando el corazón llora.

POEMA 54

Ha sido un largo, largo invierno, la de tu cuerpo tan alejado del mío, ahora empieza la primavera de tu sonrisa a mi vera.

El invierno se fue, asustado, al verte sonreír de esa manera.

Canta baila y grita, porque el otoño de tenernos alejados terminó, ya empieza, entre susurros de almas emparentadas con dios, el verano de verte amanecer a mi lado.

Permaneces en mí como algo que nunca se irá.

Esa es mi verdad.

POEMA 55

Busca que te busca, busco mi destino en otros cuerpos y en otros besos; busco mi destino y con lo único que me encuentro es con el final de tus piernas, cerca de tu cintura, entre la barriga y las rodillas.

Ahí me quiero morir de placer.

POEMA 56

Si me voy será porque nunca estuve; si vuelvo será porque nunca me marché.

En el día en el que los dos, por fin, sin taras ni fronteras vitales, estemos, frente a frente, ante nuestros egos desnudos y sin más pretensiones que la de amar a todas las cosas bellas; ese día, henchido de amor hacia dios, hacia lo natural y, sobre todo, hacia tu cuerpo intangible y fugaz como el de una estrella moribunda a punto de nacer; ese día, sabrás que es que te amen de verdad.

Hasta entonces, divirtámonos con otros cuerpos.

POEMA 57

Que el amor de tu corazón pegue tan fuerte que, destroza que te destroza, pulvericé la capa de odio que cubre a los que creen que, odiando, aman; esos que creen que malas miradas y peores contestaciones no generan maldad, en ellos y en lo demás.

Que tu amor pegue tan fuerte que, a golpe de ondas de amor puro, destroce los corazones de lo que odian, para que pasen a amar sin medida, pues nacieron para ello; amar y amar y, en el mar de su propio amor, morirse para resucitar de placer en los ojos de cualquier dios, que resultamos ser todos llenos de amor de verdad.

El que no odia, ama; el que no ama, odia.

POEMA 58

Yo y ella, por el universo, somos los mejores rompiendo estrellas a besos.

Yo y ella, en la cama, rompemos, siempre, el récord del mundo de vicio.

Yo y ella, en el cielo, somos como pájaros que, cansados de volar, se vuelven aviones y tocan en las narices al sol.

Yo y ella, aquí abajo, somos dos seres sencillos hasta que nos encontramos, y que, al besarnos, nuestros cuerpos lejanos, con los ojos, saltan chispas y estrellas de la basura.

Yo y ella somos la canción que, en nuestros labios, estalla siempre al rozarnos, música celestial, nuestros cuerpos bailando al son, el auténtico baile de dios.

POEMA 59

Si lloras en los ojos de cualquier dios, como haciéndole el amor con cada una de tus lágrimas, nacerá de él un paraíso de la alegría entre sus piernas divinas.

Es fácil si lo intentas.

POEMA 60

Voy a acabar con el amor, a golpe de besos, lo mataré de placer.

Cuando todo andaba bien, nos cansamos de caminar. Una pena, nadie, ni tan siquiera nosotros, entendía lo nuestro.

Todo va bien, incluso la parte de mí que, lejana y oscura, algunas mañanas soleadas, me decía, a gritos, que todo iría mal.

Si soy diferente será porque todos son iguales.

POEMA 61

A través del universo todo son estrellas con tu cuerpo, cerquita de mí, siempre a mi vera.

Nadie cambiará mi mundo más que para, a golpe de amor, abrir más mi corazón, y amar hasta que el dolor del mundo se vuelva días de sol, y besos de enamorados, y la revolución del amor que todos llevamos en nuestro interior.

Te quiero porque siempre lo hice; te quiero porque nunca dejaré de hacerlo.

Nadie puede parar el amor del que, ya abierto su corazón, lo entrega a la humanidad, para que ésta ame de verdad.

POEMA 62

Echo de menos echar algo de menos, y echo de menos no fingir, tan bien, que todos sientan algo menos yo.

Echo de menos querer lo que no tengo, y tener lo que no quiero.

Echo de menos que tus besos no supieran a nada.

Echo de menos tantas cosas, que, si me pongo a pensar, soy feliz por qué, echando que te echa, sólo tengo que echar a la gente de mi cama, y nunca de mi alma, por que nací sin ella, y por eso todas la quieren atrapar. Yo la escondo dentro de lo que escribo, allí no llega nadie.

Se supone que dios no existe, no es que no exista, es que no lo encontráis: lo escondí en mi cama.

Besando la parte de ti que nunca muestras, el día que te toqué el alma, huiste; no es nada personal, les llego a todos.

Soy el superhombre: nada siento, nada me afecta, a todos llego, y de todo salgo; en todas las camas hay un camino marcado con mi nombre.

Así debe ser.

POEMA 63

Si no amas, no te quejes de que el odio inunde tu vida: mentiras, mala gente y cotilleos, son sólo vertientes del odio.

Todo lo hecho o dicho con maldad lo es.

Por el resto de mi vida, vi una llena de felicidad, en sueños, cierto día soleado; me levanté y empecé a vivirla.

Miles de sonidos llenaron mi cama aquella noche y vi a dios, entre notas perfectas, muriendo en mis brazos: aquello era el paraíso.

Una de ellas, una nota, se coló entre mis brazos, me miró con sus ojos inexistentes, y me dijo que, hasta lo malo, siempre era bueno en mí, y ya nunca más tuve miedo.

Nadie cambiará mi mundo, sólo existo yo en él.

Mis alas volvieron a volar, y ya no necesite más que mi corazón lleno de amor hacía toda la humanidad.

El día de mi muerte, viviré; el día de nacer, empecé a vivir.

POEMA 64

Tengo ganas de que veáis mi alma, tan luminosa, como la veía ella después de hacer el amor: Mis ojos eran mares, millones de pequeñas hadas revoloteaban por mi cuerpo, y dos o tres dioses me decían que era ella.

Siempre fue así, aunque ninguno de los dos lo viéramos claro, como nuestros cuerpos, tan sudados, después de la tercera o cuarta noche sin parar de hacerlo. Cuando acabamos éramos dioses, en el momento que nos mirábamos, y veíamos el principio de todo y nunca el final de nada.

Había algo en su manera de hacer lo que nadie hacía que, a todas horas, tímida y apocada, su cuerpo de nínfula me decía que la protegiera de los demonios del mundo.

Era la chica de sexo salvaje, la niña de mis ojos, la estrella que, en mi alma, siempre brillará.

Hay una manera de definir esto: era la diosa mis anhelos que no deseaba más que mi cuerpo siempre, a todas horas, con más vicio que deseo y no; con más adicción que amor, y tampoco. Así era.

Escribiré esto para que en tu alma grabada quede todo, y un día le diga a dios, lo que fuimos: El deseo de varias vidas que, hastiados de esta, deseaban otros cuerpos, para saber por fin, en la última hora acá abajo, que perdieron la posibilidad de ser eternos dentro de cualquier beso, enmarcado en éste segundo o aquél, no importa, pero siempre de sus labios.

Desde que te bese no deseé otros labios; desde que vi tu cuerpo, tan entregado a mí, no quise más que volver a verlo; tan vestida tu alma, como sin ropa tu cintura, estaban siempre tus labios de mis besos mañaneros.

Ahora me entretengo con otros labios. Sólo, ya, eso.

Tardaste tanto en llegar, que llegaste tarde; yo demasiado pronto, y no encontramos mal.

No importa, dentro de cualquier beso, junto a dios o alguna estrella, naciendo muriendo o haciendo el amor interestelar con cien galaxias a la vez, volveremos a ser libres.

Te lo prometo.

POEMA 65

Su magia personal residía en que, al verse, no pensaban en nada más, el mundo desaparecía.

Ni siquiera ellos, y ni a pesar de los daños, podían dejar de pensarse.

Casi se podían oír los quejidos de sus almas, con la más milimétrica de sus lejanías. Necesitaban tocarse. Juntos nadie les vencía.

Había algo en su manera de moverse, como de retar al viento a un juego macabro, entre la belleza de lo que no se ve, y la suya que, a él, siempre le traspasaba el alma. Era un juego sin egos por ninguna de las dos partes: ni del viento, ni de ella.

Tenía de esas bellezas rotundas de alguien que no se cree guapa en absoluto y que, precisamente, por eso lo era más.

Era la persona más brillante que había visto nunca; pequeña, pero que llenaba todos los espacios a los que llegaba por grandes que éstos fueran.

Él la quería más de lo que ella siempre creyó.

Los dos estaban locos por cada cosa pequeña cosa que el otro hacía.

POEMA 66

¿Qué soy?

Soy nieve caliente las tardes de abril, de la que sale de los árboles. Soy tus labios cuando me besaban.

Soy un dios en estas letras. Soy el corazón acelerado de las cien mil chicas que desearon mi cama.

Soy tu cuerpo aquellos días de verano en los que el sol no era loscaliente que teníamos sobre nuestros cuerpos, ni de día y mucho menos de noche.

Soy mi salón-dormitorio. Soy tus lágrimas y mis borracheras.

Soy lo que nos olvidamos decir y ninguna de las veces que me amaste con los labios del deseo de tu parte más baja.

Soy todo el amor del mundo que estallaba en tus ojos cuando divisaban los míos.

Eres el deseo de mil vidas. Soy tu poeta. Eres mi musa.

POEMA 67

Si yo fuera Maradona, viviría con el exceso de tu cuerpo contra el mío; a todas horas te haría casi sufrir de placer, placer extremo de ver al dios que todos tenemos dentro de uno con cada nueva embestida contra tu cuerpo.

Si fuera Maradona, mi partido que ganar sería la de mi amor contra todo el odio de la humanidad; el pro hombre que, con su amor, todo puede contra el sistema establecido; no siendo éste más que la tristeza de los que creen que poseer da la felicidad.

Estamos matando el planeta con nuestro odio, no son las balas.

Las balas sólo son las que matan cuerpos, ya de por sí podridos con tanta falta de amor.

Las balas sólo rematan cuerpos sin más vida que levantarse para comer, y dormir para no morir de agotamiento.

El amor es el alimento de los que saben que la vida es más que eso: amar, amar y amar, y no odiar hasta todo el aire del mundo no sea suficiente para vuestros ávidos pulmones, ansiosos de no se sabe qué; pero siempre más al peor precio. Avidez por tener ansia por más y más avaricia; y siempre más.

El odio asfixia al planeta. Respirad amor.

Las balas no matan, sólo rematan cuerpos cansados de amar.

POEMA 68

Hace tal mañana que los enamorados se aman frente a mi ventana, quieren entrar, dicen que aquí hay amor del bueno; yo no les dejo y sólo pienso en ti.

Me he reído otra vez sin que tú estuvieras a mi lado; he hecho el amor con alguien, pero solo, y me he vestido con el alma de diez dioses con ganas de ser la mitad de algo parecido a mí.

He cogido la moto para bajar a los bares de siempre, donde te hacía el amor con la mirada y con las manos, y me he puesto triste.

El mundo es un lugar demasiado frío sin ti, no hay sol, y en la luna salen tulipanes de colores a la espera de tu regreso.

Cuando me llegue la hora, amor puro saldrá por mi ventana, y se verá algo parecido a una explosión de mil dioses muriendo por debajo de la rendija de mi puerta, y como con ansia de la melancolía que nunca me inundó, todo el mundo querrá que vuelva a vivir; me querrán ver pasear otra vez contigo de mi lado, pero con eso no puedo, no puedo hacer que vuelvas a pasear feliz a mi vera.

Todos somos nada; la nada que a veces nos inunda, es el todo que creemos que nos falta.

POEMA 69

Cuidad de mi chica, su corazón es débil, que ninguno la lastime.

Y si vuelve a mí, algún día, que sea como llegó: con la inocencia de amar sin miedo al rechazo.

Desde que nos besamos, ya no quise otros besos, no quise otro cuerpo sobre el mío, y no quise a nadie más.

Esto tardó tanto en empezar, que se acabó antes de tiempo.

Ser derrotado es estar sin el roce de tus labios; ganar es besar tu par cada mañana de sol.

El todo de mi vida es cuando miras mi nada y te quedas absorta. Mi todo es tu mirar fijo en mí.

POEMA 70

Si corremos a través de la jungla de nuestros cuerpos unidos, dentro de cualquier dios natural que invada nuestras almas, y nos haga ver lo que nunca vemos, seremos dioses en el instante final de ver nuestro otro yo, desnudo y entregado, al fin, a otro ser humano.

Eres yo, por eso te quiero tanto; si te odio, me odiaría por ello.

La luna de Alabama brilló en el instante en el que todo se hizo oscuridad, y allí, bajo ella, siempre estamos nosotros, besando en los labios a dios.

Veo en ti lo que en mí: la felicidad de alguien que no sabe porque es feliz.

No puedes abrirle el pecho a dios y analizarlo; deja, pues, que la felicidad lo sea, y que sea feliz, precisamente, porque no sabemos porque lo es tanto.

Feliz felicidad, el día que sepa tu porqué, será el día en el que me preguntarás, porque al mirarte estoy tan triste.

POEMA 71

Sin ti, el universo es un lugar solitario con tantas estrellas, como veces te echaría de menos, tocando la luz que, saliendo despedida de cualquiera de ellas, siempre acabaría dentro de tus besos.

Sin ti, el universo no merece la pena.

Sin ti, el universo es tan infinito, como fría mi vida sin tus labios en los míos a cada segundo.

POEMA 72

La cima más fría es la que está más lejos de tu cintura.

De donde yo vengo dios no tiene frío, lo arrompan cientos de brazos naturales, como césped fresco o amor recién sacado de su recipiente inmortal.

Si el ahora no cuenta nada y el pasado no existe, vivamos en el presente perfecto de matar al futuro a golpe de amor sin medida.

Creo que el amor permanecía, sincero, solo y solitario, en el fondo de tu alma, y esperaba, ansioso a que, con mis manos, lo tocara, fuerte y sin pausa, para que naciera entre nuestros labios un jardín de amor puro y sin medida.

Eso creo y en eso creo.

POEMA 73

De todas las personas que amé, y de todas las que, hace años, tuve la mala suerte de odiar, tú eres todas y ninguna; el amor en ti, se vuelve odio del que ama, y viceversa.

El odio es en tu cuerpo el amor más bello de la creación, de ese que ama sin medida.

Y amando que te ama, siempre me encuentro contigo y con tus labios ansiosos de mí.

Así, siempre, sólo a veces, debe ser.

POEMA 74

Dime, ¿por qué eres así?

Tan perfecta tu alma parece que, a veces, es la de dios, la misma que vuela entre iglesias y prados; un dios sexual al que amar cada noche.

Dime, ¿por qué?

Y yo te daré la respuesta a por qué lo hago.

¡El qué? Amarte sin medida, como los dioses sólo pueden ser amados: con cada tentáculo y trozo de hierba del mundo de acá abajo; como yo lo hago cada mañana, con cada extremidad y molécula de mi cuerpo.

Te amo por qué es imposible hacer otra cosa. No me has dado a elegir.

POEMA 75

Si me sobra respirar, es porque al verte desnuda, siempre me falta el aliento.

POEMA 76

Ahí viene el sol, espero que anuncie el primer día de una vida a tu lado, sino lo mato a golpe de malas miradas.

Siempre amarrado a ti, para que en la última hora pueda decir que, al amor, morí abrazado.

De tus labios sólo quiero apurar vida, y la primera de la última mañana que nos veamos, en el claro caminar de tus ojos en los míos, por fin, fijos y atados al dios que siempre me acompaña.

POEMA 77

En el verano del amor ya no querremos otra cosa que los labios del otro, a todas horas, pegados, siemprejuntos y amados, muy cerca de su par, porque nacerá y crecerá, hasta el infinito de lo no pensado ni dicho, un jardín de alegría entre nuestros cuerpos, tan unidos como el primer día que nos amamos; tanto como el último que lo hicimos. puedes hacerme lo que quieras, al igual que tú, siempre te voy a querer.

POEMA 78

Agárrame fuerte a ti, que viene dios y me come el alma.

Abrázame fuerte y que el viento de tu pelo me lleva a donde nadie llegó nunca: al centro de tu corazón, cansado de amar y podrido por el odio de los que dicen que quieren y tan sólo matan.

Ama o muere mientras me amas; no es fácil, pero es lo mejor que podemos hacer mientras el mundo se destruye, mientras grita que ama al mismo prójimo planetario al que le está reventado la cabeza.

Dame el tiempo en fuga que siempre son tus labios en mi cintura.

Dame el tiempo sin prisa que es la brisa de tu mirada en mi mente.

Sólo quiero que me ames como siempre he querido que alguien lo haga: sin corazón y con tanto amor como su alma infinita le deje.

Ama al mundo entero a través de mi cuerpo desnudo.

Amando que te ama, es más fácil que odiar a todos y a todo.

Es fácil si lo intentas, y sino, también.

Decir que amas no es amar; decir que odias y amar, sí.

El amor no se demuestra con palabras, sólo con actos; el odio se demuestra con ambas.

POEMA 79

Porque lo digas tú, voy a dejar de pensarte y saludarte por las mañanas, los rayos de sol alumbrándome la cara y mi "hola" en tu oído, lejano y minúsculo; el mismo al que le cantaba en el verano del amor.

Porque me lo digas tú, te voy a dejar de dar las buenas noches, cuando la luna roza mi puerta, y tu cuerpo el deseo de otros.

Puedes intentar matarme, no voy a dejar de quererte; no querrás a nadie tanto cómo a mí, y lo sabes.

Puedes irte a París, te seguiré con una boina; ya sabes que me encanta tu francés.

Puedes ir con el que quieras, con ninguno, o esperarme, apocada y cansada, cerca de la esquina de mi casa.

Puedes hacer lo que quieras, matar a mi familia o mí esperanza; los dos sabemos que no hay nadie como el otro.

Esa es nuestra vida y nuestra condena.

Muchos te querrán más que yo, pero tú a nadie tanto como a mí. Puedes intentar joderme, acabaras por, como siempre, sólo querer follarme. Sabemos a quién amamos, mientras tanto, divirtámonos con otros cuerpos.

POEMA 80

¿Para qué quiero nada?, si tú no estás conmigo.

¿Para qué lo quiero todo?, sino es para mostrártelo a ti, para que me quieras más y más.

Todo lo es contigo; nada es cuando te vas.

Si no estamos aquí de paso, pasemos de todo y vivamos hasta el infinito de nosotros, sin fin ni principios, para ser eternos dentro de cualquiera de nuestros besos, ya desde entonces, de dioses a los ojos de cualquiera.

POEMA 81

Si se acaba la fiesta, que sea viviendo en la muerte de tus labios, tan empapados de mí, que se caigan al ver mis ojos dirigirse a por uno de los tuyos.

No recordamos lo que fuimos, porque antes de nosotros no hubo nada, y después no se volverá a amar de verdad.

Fuimos los amantes desesperados, tan sólo, por lo lejano que, a veces, era un minuto sin el otro.

Seremos los amantes muertos en labios ajenos.

Así debe ser.

POEMA 82

La prisa no tiene calma; a la calma se le espera ansioso, casi con prisa, por que llegue.

Prisa son los besos sin calma que tus labios siempre me daban.

Esa es mi prisa calmada.

POEMA 83

Era un hada disfrazada de chica minúscula; un hada enorme, encerrada en su pequeño caparazón de hippie adorable y sexual.

Era la chica con la que siempre quise estar, la chica perfecta, por eso la dejé marchar.

Era mi chica, y ahora, ya, su eternidad reside en estas letras que, como sus alas, volarán alto entre los recovecos de la historia.

Era la chica que siempre deseé para el infinito de mis labios, tantas veces unidos a los de dios.

Era la diosa de los días de alcohol y rosas; era la ninfa que lo hacía como los ángeles.

Era ella, y ahora no lo es.

Fue algo tantas veces, que ahora es nada hasta el infinito en donde, algún día, será todo para los que ven más allá de cuerpos pútridos y sentimientos encerrados en ojos que no miran.

POEMA 84

Mi nueva libertad es la de verte, cada mañana, desnuda, conmigo a tu vera.

Es la única libertad que quiero; es mi religión atea y mi credo sin más fe que la de saber que tu cuerpo siempre querrá estar sobre el mío, muy cerca, tanto que nos queme lo que se nos tenga que quemar, para no volver a separarnos nunca más.

Mi libertad eterna: en cada besar tus labios, en cada mirar tu ojos de niña buena.

Esa es mi nueva libertad de cada vida a tu lado, que no es vida sin ti en ella, a cada mirada y cada pensar.

POEMA 85

Lejano es lo oscuro de tu alma sin mi sombra cerca, sólo pegada a dios cuando toca la tuya; tanto a veces estamos cerca de los cielos, que vemos nacer universos en las pupilas de dos o tres ángeles que, perdidos, buscan la luz del sol en el fondo de tu alma.

Siempre tú; y el día que ya no estés, eterna será la falta de lo que dejemos atrás.

Siempre los dos; y que el agujero de nuestras respectivas almas al vernos sin la luz del otro pegada, le diga al infinito que le falta un trozo de cielo a cada mirada de su todo, siempre tan total que no pertenece a nadie más que a ti cuando me miras, y no sabes explicar de dónde saco eso que siempre ves en mí, y que me dices con tus labios dentro tus ojos, con media sonrisa de tu alma cuando me ve, y que ni ella sabe describir.

Amárrame a tu falta, para decirle a tu ausencia que engañe a lo que me dice que, si no te tengo a todas horas, es porque aún no somos uno.

Si eres dios, sólo yo veo tu divinidad, que escondida ante todos, me dice que soy tú cada vez que me miras.

Arriésgate ante mí, y duerme en mi pecho de cielo, retando al infinito a un juego eterno de belleza.

Soy el mismo loco que a todas horas, con miradas te decía que soy yo el que genera amor en tu vida, a cada mirada de eterno deseo de confusión alejada de lo tan aburrido de la cordura.

Retoza en mi cuerpo para que éste no lo haga ya nunca en nadie más.

Si te vas no vuelvas; si vuelves no te vayas, y si te quedas no me digas que nunca jamás vas a regresar.

Regresa al eterno retorno de tus labios lamiendo los míos.

Eso quiero de ti, besos sin más intención que el siguiente sea infinito; que no pare en la oportunidad de ver a dios en cada lamida.

Que rompan las olas en tu pecho, para que el agua me roce la cara y le diga a mi cuerpo, que ese mar es el cielo de tu ser empapado de mí.

Soy hijo de un rey de un país mierda y de una zorra virgen.

POEMA 86

Cómo me gustaría vivir para siempre dentro de tu barriga, y que el dios que llevas en ti me traspase, para decirle a la parte de mí que aún no cree en tu divinidad, que tenga fe en esa mirada de diosa.

Te creo cada vez que entro en ti, y cuando, mediante el sexo, veo a todos los ángeles del cielo dentro de tu cara desencajada de placer.

Dios eres tú y tu vicio cada vez que siempre, siempre me mira con tanto deseo como admiración.

El deseo es admirarte por hacerme feliz. Esa es mi admiración hacia tu dios interior y exterior.

Mi admiración es sorpresa, al ver como alguien tan pequeño, casi minúsculo, puede hacer crecer hasta el infinito mi corazón cuando, trota que trota, la ve a lo lejos, para así, ser los dos gigantes a ojos de cualquiera que no ame sin medida, como tú o mi alma cuando la tuya y tu cuerpo se llenan de mi universo.

Que gusto da amarte, que gusto da darte amor, que gusto es verte y que seas mi rincón favorito del universo.

No hay nada como que el verano resida en ti al verme, y que todas las flores del cielo caigan de tu cabeza a mi pelo cuando nos besamos.

El verano del amor lo hacemos cada noche en nuestra cama, sobre todo en invierno cuando sólo contribuimos al cambio climático con nuestros cuerpos emisores de calor; tan cerca del cielo estamos, que la atmósfera se rompe, a ondas, con nuestro amor.

Nuestro amor que rompe cielos, lo hace a todas horas, para que salga, disparada, la maldad de este mundo hacia cualquier viaje sideral, y que, a dios en vez de rayos de odio, le llegue el reflejo de nuestros cuerpos, amándose.

El amor del espacio, es nuestro amor terráqueo, amándonos, hasta el infinito.

POEMA 87

Si no es contigo todo, no quiero nada.

Si no quieres bajar conmigo al infierno de mis besos, no quieras estar en el cielo de mi presencia a todas horas.

Quédate a dormir cierto día, casi sin querer, para ya no irte nunca de mi lado; no quiero echarte de menos ni un segundo, porque cada minuto sin tu presencia son dos milenios en este mundo que, de real, sufro sin tu roce.

Sin ti todo es sufrir; a tu lado no hay más que placer.

Si nadie me recomienda, será porque nadie está acostumbrado a ser tan feliz que le duela.

Sólo nosotros entendemos lo nuestro.

POEMA 88

Yo nací el día que te conocí y, como el día que salí de mi madre, empecé a vivir sin saberlo.

Tan impulsado voy por el mundo, siempre mediante tus besos, que parezco un ángel, volando que te vuela, entre los edificios, echando corazones por el culo.

No hay dolor en ti al mirarte, porque te lo repito: yo nací el día que te conocí, y donde hay vida de más, no puede haber muerte, ni siquiera estando de menos.

No hay dolor en ti, ya que no hay mal cuando nos amamos, y en nosotros no hay más deseo que el de nuestros besos; porque al nacer en alguien, se vive en él para siempre, y en ti todo es bondad y amor.

Nací, otra vez, en un buen mundo que es tu cuerpo desnudo.

Nací el día que te conocí, y ya sólo espero, y si tengo que hacerlo, morir abrazado a ti.

Naciendo en ti, para darte vida, y en nuestro mundo nada muere, porque el amor, si es de verdad, nunca perece.

Naciendo en ti, sólo quiero que, al mirarme, y como yo, veas a todos los dioses, y a ningún demonio en mis ojos.

Naces en mí cada mañana, para no morir nunca, como cada vez que nos amamos.

Nazcamos cada noche de cada día que nos veamos, para no morir nunca en el otro, que al ver siempre en nuestro reflejo el infinito de nuestros ojos, podemos vivir en ese mundo eterno para siempre. ¿Te apuntas?

Te pertenezco. Soy tuyo por derecho de nacimiento en ti.

POEMA 89

Las palabras del amor son tus labios al besar a dios, y hacer de los míos algodón celestial.

Las palabras de dios son tus labios hablando de amor.

Dios eres tú cada vez que, en mi cama, me amas hasta las tantas.

El amor sólo ama cada vez que veo a todos los ángeles, y a cualquier hada desnuda, que resultas ser tú agarrada a mi cintura.

Amárrate a mí para que en el cielo, crean que dios es una mujer a un genio pegado.

POEMA 90

Si no dormiste esta noche en tu casa, será porque dormiste en mi cama, en el lado del mundo que nunca quiere estar sin ti.

¿Dónde dormiste anoche? En mi corazón, cerca de quiera donde quiera que esté mi alma, siempre llena de ti.

La noche que no duermas a mi lado, será la noche que esté en el sitio de los sin alma ni amor.

Duerme en mi cama para el resto de nuestras vidas, y que le den al mundo.

POEMA 91

Me muero si no te tengo, igual que vivo más y mejor a tu lado.
Tú eres vida, no me des la muerte de tu ausencia.

POEMA 92

Y si la tumba es el final, ¿qué hay de nuestro amor?

La tumba sólo es el final del cuerpo, el alma, la que ama, que no es más que amor, sigue. Como nosotros.

Mienten. Te quiero.

Si la tumba es el final, no quiero empezar, dejadme en mi cielo de rosas y alas rotas, junto con ella.

Si la tumba es el final, quedémonos con el principio solamente.

Lo nuestro es tan grande que sólo nosotros, con nuestro odio, a veces, lo hacemos tan pequeño que entra en este mundo.

No quiero el final de nada, dame principios de besos y abrazos sin final, de los que sólo tú sabes darme.

Dicen que mi vida está basada en hechos reales, yo no me lo creo. Igual que no me creo que tú seas humana, ni que tu cuerpo no sea el de un ángel.

POEMA 93

Abajo, en la noche más oscura, y arriba, donde el sol brilla y la humanidad ni el hombre nunca perecen, todos estos años ha sido todo tan raro.

Sí importa a quien amas; puedes, por ejemplo, amar al odio y creer que, en él, tu amor vive. Odia que te odia, creerás que amas y todo será oscuro.

Abajo, en la noche más oscura, te envío una oración de amor que reconforte tu corazón.

Los instintos se basan en la fe, fe en creer en algo sin tener pruebas. El amor es fe. Fe en la felicidad.

El amor sólo es viejo cuando cruza, rauda, tu juventud, por delante de él, y le dice que aquí sólo está de paso para posarse en tus ojos cada vez que miran los míos.

Me gusta que tu adorable inocencia de nínfula le diga a mi vejez, y mediante tus nervios al posar de mis ojos sobre tu cuerpo, que en ti el deseo brota al verme, al igual que mi juventud renace al sentir que tu cuerpo se estremece al notar el mío, algo cerca, no mucho, nunca. Ya que la vejez no es más que la falta de deseo sobre uno mismo de cualquier mirada, y aún más, de la mirada de amor puro del deseo directo al alma, de la persona más amada.

No quiero que lo nuestro sea un viejo amor, ni una cosa pasajera. No quiero verte, tras el pasar de treinta años, y casi no recuerdes ni mi nombre.

Ya nada queda, dirán el día que yo, por fin, muera, al notar el parar de tu pequeño corazón, siempre y como siempre cerca, y pegado, al mío.

La tumba sólo es el final de lo que puede tenerlo, lo nuestro no morirá.

POEMA 94

Luchamos por separarnos, nuestra milimétrica lejanía, siempre, hacía que el dolor fuera superior al placer, pero ¡ay, amigo! cuando estábamos juntos se iban todos los demonios.

Nunca aprendí a tenerla más de dos segundos lejos de mí, ese siempre, fue mi error.

Si la tumba es el final, dame mil principios sin finales a tu lado, y que se vayan los demonios que me tienen atrapado, entre tu falta que nunca se va, y tú presencia que nunca termina de llegar a su hora.

Si viene tu ausencia, desbocada, ante mi corazón, como ayer por la noche, despertándome entre sudores e ingratos recuerdos de felicidad, como vuelva a ocurrir una sola vez más, te juro que le digo lo que siempre he pensado: que sin ti ni quiero, ni puedo estar.

Tristeza sólo es tu falta, felicidad tu presencia y su espera.

No esperes a callarme a besos las lágrimas que más de mil veces han rodado —ya demasiadas—, por ti.

No te odio, te quiero como el primer día, más aún si cabe, porque aquel amor era fruto de una corta visión de tu inmensa sonrisa, y este que siento ahora, es fruto del reflejo de tu alma sobre la mía.

No se puede odiar a lo que se ama más que a nada, ¿no crees?

¿Qué sentimos al estar juntos? El mismo placer que dolor al estar un sólo segundo separados; la única diferencia es que el dolor parece durar más que el placer, porque se enquista y traumatiza a nuestras almas, ya de por sí, taradas y miedosas.

Miedo al fin y al cabo a necesitar a alguien más que a nosotros, y que la muerte o el dolor se lo lleven lejos, ya que a nosotros de nosotros mismos no nos pueden sacar, y querer más alguien que es externo a uno mismo es difícil.

Sólo los ángeles aman como nosotros, con sus alas abiertas, con miedo o no, no importa; las abren, que es no tener miedo a tenerlo.

No tener miedo a que alguien llegue a su cielo, y convertirlo, ambos, en un infierno.

Siempre ellos dos.

Los ángeles que no tenía miedo a abrir sus alas a otro ángel.

Los ángeles son así cuando encuentran a otro, aunque se les caigan las alas, de dolor o placer, no les importa, pero siempre al lado del que ellos dejen llegar dentro y que les toque el alma, la suya, que pasa a ser una; y ni un ángel, puede con dos almas.

Ese es nuestro cielo y nuestro infierno, ser ángeles arriba y abajo.

Un ángel en el infierno no está bien visto. Un demonio en la tierra es presidente.

El odio parte, casi siempre, del odio reflejado en los ojos del otro. Es imposible odiar a alguien que no sabe hacerlo.

Es imposible no amar a alguien que lo hace como ella: desgarrada por mi falta; ansiosa por mi presencia; feliz conmigo a su lado.

Amar a alguien que sólo sabe amar es más fácil que odiar al odio, sólo hay que dejarse llevar.

Siempre ella.

POEMA 95

Vuelta al camino, todo es felicidad, no hay chicas, no hay odio, no hay desvíos desvariados de la personalidad.

El siguiente lunes del día que te conocí, del siguiente año, volveré a por ti.

Volviendo al camino todo es amor, y la música suena en sus labios, como siempre ocurría cada vez que me miraba con ellos, y me besaba con los ojos.

Transpórtame al sitio donde eso tan maravilloso de ti es visto por todos, incluso por mí; alguien, yo, que sólo cree si ve.

La gente miente demasiado.

Lo maravilloso de ti es cuando me mirabas, como atontada, y cuando la mía te ponía tan adorablemente nerviosa.

Lo maravilloso de ti, es tu inocencia sin fin, que no es más que la expresión del amor puro que, en ti, resiste como un último guerrero de paz sobre esta tierra llena de odio.

Cierra los ojos y me veras, siempre, hechizado ante tu presencia, cantando desnudo o hablando sólo para ti.

La chica se fue, ¡larga vida a la chica que nunca se iba a ir!

POEMA 96

Volveré a ti como llegué: de un modo extraño.

Todo en mi vida es así, el caos lo inunda todo y pasa, no se sabe cómo, a ser orden.

En mí, el caos, es el orden más bello de la creación.

En mí el caos es tu amor.

Si no somos nada, nada de mí hacia tu olvido, y haz que, de olvidarme, me recuerdes amándote. Porque siempre lo hago.

No olvides que siempre lo haré, hasta que, de no hacerlo, recuerde cómo se hacía, con mi mano en tu sonrisa.

Siempre, tú y yo, vamos a través del universo, cómo estrellas, cómo lo que somos, seres puros que no entienden el odio.

POEMA 97

Tengo sed y no es de agua, son tus labios los que me faltan.

POEMA 98

Cuando la música suena, llega el fin de lo nuestro; como pájaros asustados por un ruido inmenso, huimos cada uno del otro, sin querer saber nada de la tierra ni del hombre.

Nuestra lejanía son los pájaros asustados de nuestras almas.

POEMA 99

Algún día, volaremos por entre las estrellas, dentro de un sueño, como cuando nos conocimos.

Te poseo y soy tuyo; soy tuyo, y lo mío es tomado por ti.

Si alguien cambia mi mundo, será porque yo le dejo.

Si alguien te ama más que yo, será porque estuviste ciega todo este tiempo.

Mañana será un buen día, me levantaré y los rayos de sol me lamerán la cara, como asustados por el gran bostezo con el que les contestaré, me tomarán igual que el día que desperté al gran mundo de mis sueños, y me dirán que es hora de vivir. Por fin, sin ti.

Mañana será un buen día, tú no estarás, y las olas de los mares de mis sueños volverán a cabalgar libres por el viento de mis pensamientos. Libres otra vez.

La libertad al ser encerrada, pelea y araña; la belleza al ser observada sólo por una persona, se pudre y se vuelve horrenda.

Parece que hay un incendio cada vez que nos juntamos, como si lo que ya ardemos cada uno por nuestra cuenta, no fuera suficiente para alumbrar al mundo con nuestro deseo cada vez que nos pensamos.

Parece que hay un incendio, a ver cuándo lo hay de verdad; saltará confeti de tu mirada y deseo puro de mi entrepierna.

Hay un infierno cada vez que te miro, porque no quiero alumbrar a nadie más con mis ojos de vicio.

POEMA 100

Fin

Te amo, siempre.
Borja Carba

Este libro se imprimió en Madrid
en enero del año 2018

«Cantaban las Musas que habitan las mansiones olímpicas,
las nueve hijas nacidas del poderoso Zeus.
Calíope es la más importante de todas,
pues ella asiste a los venerables reyes».

HESÍODO, *Teogonía*, 1-103

www.ingramcontent.com/pod-product-compliance
Lightning Source LLC
Chambersburg PA
CBHW032034090426
42741CB00006B/804